Werner Färber

Geschichten von der Polizei

Illustrationen von Michael Bayer

FSC

Mix

Produktgruppe aus vorbildlich
bewirtschafteten Wäldern,
kontrollierten Herkünften und
Recyclingholz oder -fasern

Zert.-Nr. SGS-COC-2939
www.fsc.org
© 1996 Forest Stewardship Council

ISBN 978-3-7855-6709-8
1. Auflage 2010
© 2010 Loewe Verlag GmbH, Bindlach
Umschlagillustration: Michael Bayer
Reihenlogo: Angelika Stubner
Printed in Italy (011)

www.leseleiter.de
www.loewe-verlag.de

Inhalt

Das Geld liegt auf der Straße

Das  fährt durch die .

Hinter dem sitzt die Paula.

Pepe, der , sitzt neben ihr. Der

und der winken ihnen zu. Auch

der grüßt die beiden. „Halt

mal kurz an", sagt der . „Willst

du uns ein kaufen?", fragt Paula.

„Ich möchte uns beim  ein

paar  holen." Pepe öffnet

die  . Als er aussteigt, tritt er mit

dem 🥾 auf mehrere 🪙.

„Seltsam, hier liegt ganz viel

auf der ", sagt er. „Dann komme

ich besser mit", sagt die .

Pepe hebt die  auf. Paula

bückt sich nach einem .

Weiter vorne liegen weitere  .

„Wenn man so viel  verliert, muss

man das doch merken", wundert

sich der  . Sie folgen der

von  und  bis zu einer 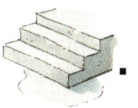 .

Sie führt hinauf zu einer  .

„Vorsicht!", sagt Pepe. Die  nickt.

„Vielleicht hat ein  die

überfallen?" Oben geht die  auf.

Ein  kommt weinend aus der .

Es hält ein 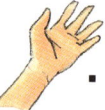 in der .

„Was ist passiert?", fragt der .

„Ich wollte mein  einzahlen.

Aber mein  war leer." Paula

schaut sich das  genauer an.

„Das  ist offen", sagt die .

„Das habe ich nicht gemerkt", sagt

das  schluchzend. Der  holt

das eingesammelte  hervor.

„Sieh mal, was wir gefunden

haben!" Er wirft alles ins  .

„Danke!", sagt das  mit

leuchtenden . Schnell kehrt

es in die  zurück, um das

einzuzahlen.

Retter Pepe

Die  Pitt und Pepe fahren

über eine 🌉. Unter ihnen glitzert

der 🌿 in der ☀ . Pitt lässt das 🚔

herunter. Sie hören ein 🚢 unter

der 🌉 tuckern. Auf einer 🪑

am 🌿 sitzt eine 👩 und liest

ein 📖.

Ein  wirft seine aus.

Plötzlich rudert der   wild mit

den und platscht in den .

Die  springt auf und schlägt

die  zusammen.

„Warum unternimmt die 👩 nichts?",

fragt Pitt. „Vielleicht kann sie nicht

schwimmen", vermutet Pepe. Er

schaltet das 🚨 ein und lässt

das 🚓 auf der 🌉 stehen. Pepe

rennt den 🛤️ zum 🏞️

hinunter.

Unterwegs schleudert er ,

und die   weg. Hüpfend schlüpft

er aus den . Er löst den  und

wirft ihn samt  und  ins .

Er zieht  und  aus und

springt in den  . Der

erwischt den  , bevor er auf

das  zutreibt. Prustend

erreichen sie das  .

„Mein !", ruft die  und eilt

ihnen entgegen. „Der  hat

mich gerettet!", stößt der

keuchend hervor. „Wie kann ich

Ihnen danken?", fragt die .

„Ich helfe gern, deshalb bin ich

doch  geworden", sagt Pepe.

Er bückt sich nach der , hebt

die  auf und pflückt seine

von einem  .

Plötzlich wird Pepe heiß. „Das darf

doch nicht wahr sein!", sagt der

erschrocken. „Wo sind nur …?"

„Suchst du vielleicht das hier?",

ruft Pitt von der  am  .

Er hält ,  und  hoch.

„Das lag alles unter den  !"

Pepe fällt ein  vom .

Dankbar nimmt er auch die

warme  entgegen, die ihm

Pitt aus dem  des

mitgebracht hat.

Führerschein fürs Fahrrad

„Was brauchen wir, um sicher

zu fahren?", fragt die . „Ein !",

ruft Lukas. Die andern stöhnen.

Lukas ist oft vorlaut. „Was noch?",

fragt der geduldig. „Eine !",

ruft Lisa. „Unterm einen und

auf dem einen !", sagt Leo.

Das finden die  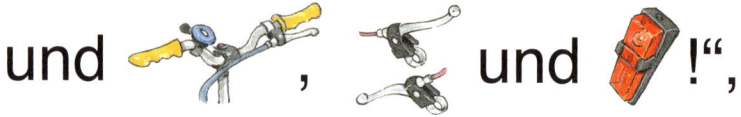 lustig. „⬭,

und 🚲, ✂ und 🔦!",

ruft Sven. „Und was macht ihr,

bevor ihr losfahrt?", fragt die 👮

weiter.

„Wir schauen nach hinten, ob

ein  kommt", antwortet Pia.

„Sehr gut!", lobt der .

„Was macht ihr, wenn ihr in eine

andere  abbiegt?"

„Nach hinten sehen!", ruft Leo.

Die ✋ ausstrecken!", fügt Lisa

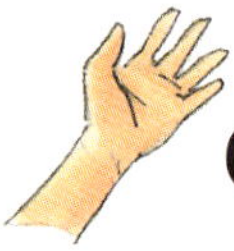

hinzu. „Noch einmal umsehen, ob

ein 🚗 kommt", ergänzt Mirko.

„Gut! Wer fängt an?", fragt die  .

„Ich!", ruft Lukas. „Hab sowieso

das schnellste ." „Also los",

sagt Pepe. „Immer der!", maulen

die . Mit dem  am

rast Lukas los.

Er biegt in die nächste 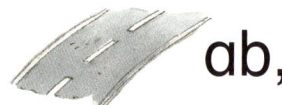 ab,

ohne zu bremsen. Wie der  ist

er zurück. „Das war schnell, was?",

fragt er atemlos. „Stimmt",

antwortet der   .

„Was hat Lukas eigentlich falsch

gemacht,  ?", fragt die  .

„Er hat den  nicht aufgesetzt."

„Er hat nicht nach hinten geschaut,

ob ein  kommt." „Er hat die

nicht ausgestreckt."

„Sehr gut, !", lobt Pepe. Er

wendet sich an Lukas. „Versuch es

noch einmal. Wenn du das alles

richtig machst, bekommst auch du

einen  fürs ."

Eine alte Gurke

Pepe ist auf dem  zur  .

Direkt davor steht ein älterer

mit seinem  an der  . Er

wartet auf das grüne  . Plötzlich

schnappt ein  die  aus

dem  des  und rennt auf

die  .

Ein  🚚 kann gerade noch

bremsen. 🛞 quietschen. „Hilfe!

Der hat meine 👜 geklaut!", ruft

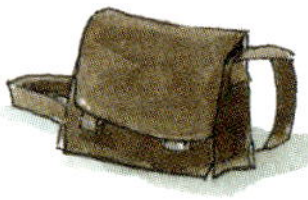

der 👨. Der 👮 eilt herbei.

„Leihen Sie mir Ihr  ?", fragt

er. „Mit meinem alten  wollen

Sie den  erwischen?", fragt der

Mann. „Warum nicht?", erwidert

Pepe. Er lässt sich  und

geben und jagt los.

Kracks! Die  reißt. Sie bleibt auf

der  liegen. Der  stellt

sich mit einem  aufs  und

stößt sich ab, als wäre er mit

einem  unterwegs.

Er nähert sich dem  . Kracks!

Das  bricht ab. „Wahrhaftig

eine klapprige  !", grummelt

Pepe. Er sitzt wieder auf und stößt

sich abwechselnd mit den  ab.

Der  benutzt das  wie

ein . Endlich erwischt er den

am . „Sie sind verhaftet!", ruft

er atemlos. Mit den  schließt

er den  am  fest.

Die  legt er in den 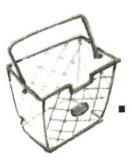.

„Das  ist leider im ", sagt

der  wenig später zu dem ,

der noch immer an der  wartet.

Der  winkt ab. „Das  war

sowieso eine alte . Ich habe

meine  wieder! Das ist viel

wichtiger!"

Die Wörter zu den Bildern:

 Polizeiauto

 Bäcker

 Straße

 Brezeln

 Lenkrad

 Tür

 Polizistin

 Fuß

 Briefträger

 Münzen

 Schornstein-feger

 Geld

 Eisverkäufer

 Geldschein

 Eis

 Spur

 Treppe

 Fluss

 Bank

 Sonne

 Räuber

 Fenster

 Mädchen

 Schiff

 Sparschwein

 Bank

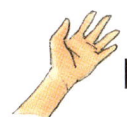 Hand

 Ufer

 Türchen

 Frau

 Augen

 Buch

 Brücke

 Junge

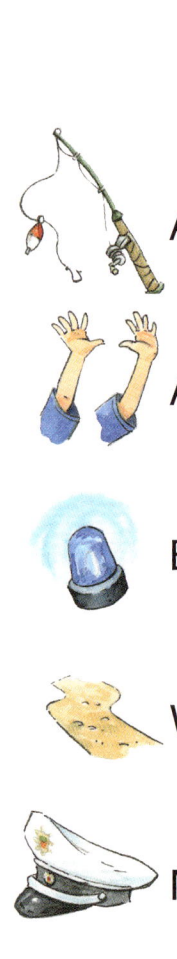 Angel

 Pistole

Arme

 Handschellen

 Blaulicht

 Gras

 Weg

Hemd

Mütze

 Hose

 Jacke

 Zweig

 Krawatte

Büsche

 Schuhe

 Stein

 Gürtel

 Herz

 Decke

 Reifen

 Kofferraum

 Lenker

 Fahrrad

 Bremsen

 Kinder

 Rücklicht

 Lampe

 Auto

 Po

 Blitz

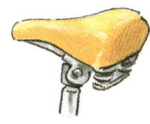 Sattel

 Führerschein

 Kopf

 Polizeiwache

 Helm

 Mann

 Ampel

 Pedal

 Männchen

 Roller

 Dieb

 Kiste

 Tasche

 Laufrad

 Fahrradkorb

 Kragen

 Lastwagen

 Eimer

 Kette

 Gurke

Werner Färber wurde 1957 in Wassertrüdingen geboren. Er studierte Anglistik und Sport in Freiburg und Hamburg und unterrichtete anschließend an einer Schule in Schottland. Seit 1985 arbeitet er als freier Übersetzer und schreibt Kinderbücher. Mehr über den Autor unter www.wernerfaerber.de.

Michael Bayer, 1971 in Friedrichshafen am Bodensee geboren, studierte Grafikdesign und Illustration an der Fachhochschule in Münster. Nach einem kurzen Abstecher in die Werbung, arbeitet er heute als freier Illustrator in der Ateliergemeinschaft RAUM 3 in Münster.

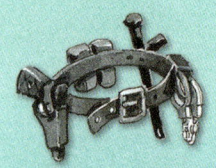